링거나무 아래서

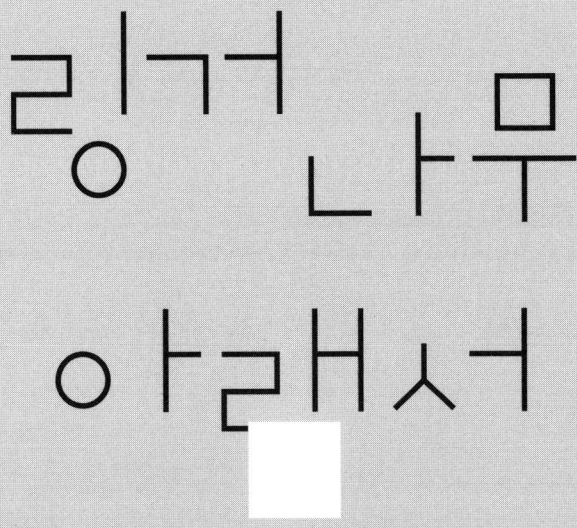

링거나무 아래서

시인수첩 시인선 **101**

이영혜 시집

여우난골

| 시인의 말 |

저 뭉게구름과 바람의 길은 어디로 수렴할까
나의 정처는 어디쯤일까
별과 새와 노을과 애인의 언어를
채록도 표절도 제대로 하지 못했다
또 부끄럽다

맑은 정신 하나
바지랑대 끝에 새로 내건다

2025년 10월
이영혜

| 차 례 |

시인의 말 · 5

1부

전율을 기다리며 · 15

바람꽃 · 16

살살 · 18

가장 큰 이름 · 20

유효기간 · 21

송곳니의 힘 · 22

아무것도 아니기도 한 무엇 · 24

슈퍼문 · 26

사이 · 28

오늘의 절벽 · 29

불면 · 30

달팽이 계단 정류소 · 32

달팽이 계단 능소화 · 34
링거나무 아래서 · 36

2부

발광 · 39

흰빛에 갇히다 · 40

아무렇지도 않은 · 42

사소한 구름 위를 · 44

고비, 별 · 46

고비, 바람 · 48

고비, 구름 그림자 · 49

고비, 길 · 50

신의 뒷모습 · 52

거리 · 54

꽃피는 아몬드나무 · 56

울트라, 동백 · 58

리스트를 듣는 밤 · 60

도화몽 · 62

3부

네일아트 · 65

무죄추정의 원칙 · 66

모호한 도시 · 68

야간 산책 · 70

누구를 위하여 불꽃은 터지나 · 72

늦은 봄 · 73

반짝반짝 기쁨조 · 74

흙수저 물고 · 76

바이러스 월드 · 78

하나원 일지 1 − 나팔꽃 인사 · 80

하나원 일지 2 − 네일아트 · 81

하나원 일지 3 − 먼 길, 비싼 길 · 82

소설(小雪) · 84

천수관음 − 발 마사지 · 86

4부

벚꽃 · 89

헐거워지다 · 90

밥걱정 · 92

영종도 · 94

양파를 썰며 · 95

마지막 눈과 귀 · 96

우화등선 · 98

나목 · 100

봄꽃은 왕관을 쓰고 · 102

거리 두기 · 103

삼선 슬리퍼 한 쌍 · 104

행복한 동행 · 106

외길 · 108

헐렁한 동행 · 109

세입자 · 110

달,인 · 112

산문 | 이영혜

송곳니의 힘 · 113

1부

전율을 기다리며

 서쪽 강에 주저앉은 늙은 태양의 하혈을 엷은 구름들이 빨아먹고 있어. 한 바퀴 선회비행을 마치고 안식처로 숨어드는 새들. 환한 꼬리를 끌며 멀어져 가는 순환선 전동차 어느 칸쯤 그대 서 있을까. 강과 하늘의 경계가 지워지면 참았던 속울음 한두 모금씩 뱉어 흑조의 날개에 실어보곤 해. 북국 초원에서 푸른 눈빛에 감전되었던 그 길고 짧았던 오르가슴……, 잊을 수 없어 나는 보름달 떠오르는 밤마다 푸른 심장을 들고 도시를 배회했어. 마음이 놓친 눈빛은 황폐해져 벼랑을 만들고. 노래를 불러보고 싶지만 그대에게 닿을 수 없는 빈 울음만 허공을 떠돌고 있어. 천 개의 해가 지고 천 개의 달이 떠도 가라앉지 않을 갈증. 참았던 숨을 다시 참으면 그 전율을 다시 느낄 수 있을까. 먼 훗날 저 도저한 새들을 다시 볼 수 있을까. 하혈하듯, 하혈하듯.

바람꽃

바람꽃이 피었노라고 가벼운 안부가 날아왔습니다
바람과 가까운 곳에 보금자리가 있는
한 소식이 멀리서
작고 낮은 하얀 꽃잎에 얹혀왔습니다

궁금을 따라 한참을 떠돌았습니다
꿩의바람꽃 변산바람꽃 홀아비바람꽃 숲바람꽃 들바람꽃 너도바람꽃 나도바람꽃……
꿩처럼 목 긴 그리움이어도 변산의 노을이어도 그날의 숲과 들이어도
너여도 나여도 다 좋은
네모 안, 몇 송이가
내 손안에서 다시 피어납니다

통속이어도 감상이어도 괜찮습니다
고로쇠 수액처럼 핏줄에 엔돌핀 돌아 두근거리는 봄날입니다
세상 숨 쉴 곳 없이 혼탁한 오늘,

말간 햇살로 퍼지는 반가운 선물입니다

바람이었던 우리의 바람이 소용돌이치며
천지에 꽃잎 흩날리겠습니다
바람 타고 한 번 더 꽃불로 타오르겠습니다

살살

나를 입고 내가 두른 살들과 한 몸으로 여기까지 왔다
오행이 다 들어와 있다는 내 사주팔자에도 필시
살(肉) 사이사이 마블링처럼 살(煞)이 끼어 있음이 틀림없는데
내 안과 밖의 살들은 내 정신과 육체의 실존이어서

나의 상징이자 정체성이었던 볼살 허벅지살에
생존을 위한 애교살 애살에 엄살까지…… 더해가며……
살들과의 전쟁에서 하루도 자유롭지 못했지만, 모질지 못하여
한 근의 살도 쉽게 덜어내지 못했다

울 엄마 난산에 나, 몸에 피를 묻히고 태어나선지
도화살에 난분분 꽃잎으로 쉬이 붉게 물들었고
역마살에 마음 한곳에 머물지 못하고 계절마다 가슴앓이 해왔으며
백정의 드센 팔자라는 백호살에 손에 피 묻히며 살풀이하듯 살아왔다

하지만, 나
불화하던 오랜 살들과 점점 화해하게 되었으니
볼살 허벅지살은 동안과 젊음의 대세가 되었고
도화살 덕분에 시인 이름 얻었을 것이고
역마살 타고 내 발걸음 세상 저 멀리 달려 나갈 것이며
외과 계통 의사들에게 백호살이 많다니
내 직업 선택을 자위함이다

차도르나 부르카 안에 내 안팎의 살 다 가리고
그대 앞에 서고 싶었으나……

나 이제, 늘어나는 뱃살 나잇살 주름살까지
영영 동행할 나의 실존으로 받아들이려 하니
살아 살아, 나의 살들아!
사라지지 않아도 좋으니,
우리, 살살 더 잘 살아 보자꾸나

가장 큰 이름

친구 김○우
달랑 다섯 글자
장례식장 복도에 줄 선 화환 가운데
가장 커다란 검은 이름

어디어디 대표이사도 어느 원장도
그 무엇도 아닌
친구 그냥 친구
같이 손잡고 울어줄 그냥 친구

바위처럼 굳건하고
추억처럼 정다운

더 큰 이름
더 큰 위로

유효기간

단풍처럼 태양처럼 빨강 싱싱한데
먹어도 되나
냉장고 안쪽 초고추장 한 병
유통기간이 이 년이나 지나갔다

한 번씩 들었다 놓으면
몇 년씩 사라진다

현관 벽에 걸린 가족사진 위로
십 년의 먼지가 쌓였다

내 안 깊숙한 당신을
봄꽃 속에 꺼내 놓은 지도
삼 년이 흘렀다

곰팡이 검버섯 피지 않았다
아직, 다 유효하다

송곳니의 힘

   태초부터 생명의 시작과 끝을 관통해 온 힘
두 손과 입술 모아 그를 경배하며 삶은 시작된다
티벳 독수리의 발톱 톈산 늑대의 송곳니 잉카 콘도르
의 날개……
이 모두에게 그가 깃들어 있다
만족을 모르는 그는 때로
육신을 통째로 흔들어 영혼까지 몰수해 가기도 한다
아버지 영정 앞에서도 나는 퉁퉁 부은 눈으로
그에게 고개를 조아렸다
이 유일신에 대한 경전은 없고
타협을 주장하는 무수한 담론들만 존재한다
문명이 발달할수록 광신도와 불신 세력은 많아지는데
극단은 어느 쪽이나 무덤과 가까워
그의 신실한 신도로 사는 것이 뭇 인생의 요약이다
벗어나고자 극렬히 저항하던 한 젊은 가수는
노래와 딸과 아내에게 영영 이별을 고했다
그 손아귀에서 자유로워진 극소수는
집착을 사리에 가뒀다고도 하고

성인의 반열에 올랐다고도 한다
밤잠을 몰수하면서까지 제물을 강요하는 그에게
정화수 한 사발로 버텨본다
그를 들이고 봉인된 배꼽을 바라보며
이제 조금 무디어진 송곳니에 가만 혀를 대어본다

아무것도 아니기도 한 무엇

한순간 소나기 쏟아진다
달아오른 아스팔트에
검게 점점이 그려졌다가
기우처럼 금세 자취도 없다

초록색 앞치마를 두른 앳된 여점원이
발판을 놓고 여왕이 그려진 통유리를 닦는다
물방울 사라지자 캄캄하던 생각이 환해진다

킥보드를 탄 젊은이가
빗방울들을 부수며 지나간다
가슴 큰 젊은 여자가 든 양산 위로
플라타너스 이파리에 앉았던 빗방울들 다시 뛰어내린다
아이스커피 유리컵에 가득 맺힌 물방울이
가물어 쩍쩍 갈라진 내게 스미어 사라진다

물방울 무덤은?
자동문 옆 우산꽂이

땀방울 식어 마르는 가슴골
지상과 지하와 천상의 어느 갈피
먹장구름 걷힌 내 오후

슈퍼문

뽀얀 맨살로 먼 길 달려와
내 옆에 길게 눕는 환한 빛살
엄마의 오래된 노랫가락이 보이고
둥근 구멍 속으로 빨려 들어가던 새들과
그 뒤편으로 사라져 얼어붙었을 울음소리가 날아오르고
빛줄기의 팔과 다리가
내게 들어와 빛의 알을 슬어놓던
그 체온이 살아나고
열대야 불면인지 꿈속인지
내가 달인지 달이 너인지
몸속 구멍마다 얼어 봉인된
우리 사이 수억 년 된 비밀들도
자꾸만 녹아 흐르며 누설되는데
차가운 너를 품고도 혼자 후끈 축축해지는데
열린 창으로 쏟아져 들어와
침대에 넘쳐흐르는 절정의 날 빛
네가 가득 차고
내가 가득한데

이제 이울 일만 남은 나의 사랑은
어둠 쪽으로 자꾸만 고개를 돌리고

사이

저쪽 벼랑까지는 출렁이는 외길
서둘러 도착한 저녁은 젖어 있고
산과 호수, 고요가 깊다
어둑한 한 쌍이 흔들다리를 건넌다
불안과 안정 견고와 위태 사이
느슨하고도 팽팽한 긴장이 손바닥에 흐른다
걸음을 인도하는 건 믿음
흔들리는 마음을 서로에게 가까스로 붙들어 맨
균형이 미끌, 아찔하다
당신까지의 거리는 언제나 곡선
천천히 흔들리며 조심스레 당도하기로 한다
우리 사이, 출렁다리 위에서
문득 저물어버린다

오늘의 절벽

호명도 비명도 되지 않는 모음들의 밤
눈꺼풀이 절벽일 때가 있다
산동네 계단 옆 깎아지른 축대보다
캄캄한 언덕에 앉아 내려다본
거대한 미륵대불의 단호한 뒷모습보다
아래 눈꺼풀이 더 벼랑일 때가 있다
차가운 그대에게 눈물 한 방울 보였다가
내 발등 찍을까 봐
위 눈꺼풀로 굳건히 막으며
단애 사이를 자유롭게 날던
흰 바닷새의 날개를 생각한다
누군가 내 가파른 절벽 위에
꺾을 수 없는 해국 한 송이
꽃피워 주기도 하겠지만, 오늘은
그대 침묵 위로 마음 수천 번도 더 뛰어내린
한 길 높이도 안 되는 나의 절벽
그 막막한 끝에서……

불면

겨울이면 따뜻한 곳 찾아 기어들던
쥐 한 마리
방구들 속 연탄가스를 새게 하고
천장의 전기선을 갉아 전등을 꺼뜨리곤 했다

머릿속 쥐 한 마리가
뇌 속을 헤집어 회로를 슬어서 망가뜨린다
어둠이 깜빡깜빡 교차되고 생각을 놓친다

납작 엎드려 있던 전기가오리 한 마리
깨어나 좁은 가슴벽에 부딪치고 있다
온몸이 저릿저릿 심장이 오그라든다

생각의 길목에 쥐약을 놓아볼까
가슴 여울목에 그물을 치고 잡아볼까
지금 이 순간을 살아라, 오늘 내가 사는 게 재미있는 이유. 삶은 풀어야 할 문제가 아니라 경험해야 할 신비입니다……

인생 잠언서들의 알약 같은 활자들도
삶의 지혜를 역설하는 유튜브 명강사들도
패잔병을 잠재우지 못한다

과거에 대한 후회와
미래의 걱정을 먹이 삼아
몸피 불려가는 형체도 없는 생물
나이와 더불어 커져만 간다

달팽이 계단 정류소

가파르게 올라온 강북04 마을버스에서
노인이 내린다
배낭은 축 처지고 등은 그만큼 앞으로 굽어 있다
달팽이처럼 돌지는 않고
직선으로 뻗은 계단으로
네 발 지팡이 절뚝이며 발걸음을 옮긴다
꿈을 품은 이들은
재개발 꿈의 숲 단지에서 다 내리고
노인은 더 높고 더 싼 집으로
숨 가쁜 등정을 시작한다
발아래 세상이 파노라마 뷰로 펼쳐지는
오래된 성채를 향해
천국의 계단 오르듯 한 계단씩 올라간다
북한산 영봉 위 구름 사이로 나온 저녁 햇살이
노인의 등을 슬며시 밀어준다
이제는 떨어질 일만 남은 생
그래도 올라갈 때가 좋은 거라고
축대에 만발한 능소화

저녁 바람에 흔들리며 응원하다가
하나둘씩 모가지를 꺾는다

달팽이 계단 능소화

이 높은 동네의 작고 붉은 나팔들
더 뾰족해진 입술로 더 뜨거운 여름을 뿜어대지
무엇이던 다 삽니다
가게 앞에 늘어선 뱃속 머릿속 드러난 퇴물들
냉장고 세탁기 텔레비전 에어컨
한때를 관통하던 열기까지
달팽이 계단에 쭈그려 앉아
아랫녘 망연히 바라보며 부채질하는
할매들 오래된 온기까지
축대 가득 거꾸로 매달려서 여름내 불어대지

모가지째 떨어져 내려
후끈한 길바닥에 무덕무덕 쌓여도
어느 어느 꽃들처럼 눈길 받지 못해도
갈 데 모르는 시간처럼 아무 데나 뒹굴어도
연신 꽃 피고 지고 피고 또 지다가
계절 끝에서 무더기로 확 시들어 버릴 거지

너무나 더디 가는 여름
불 고문 같은 오후는 아스팔트 위에 눌어붙고
멀리 낮달이 떠도 쉽게 저녁은 오지 않고

달팽이 계단 정류소 앞길로도
이제 차갑지도 못한 에어컨 냉장고 위로도
한 번도 내뱉지 못한 말들을
입술 모아 뜨겁게 불어대고
사뿐, 한 몸 누이는 거지

링거나무 아래서

커튼 안 나뭇가지에
점점 쭈그러드는 열매들이 매달려 있다
약과 물과 죽과 피를 내려주는
가는 줄을 잡고
가는 숨을 쉬고 있다

주렁주렁 오랏줄에 묶인 수형자늘
생명줄이 포승줄 같다
화장실도 거동도, 두려움과 고통도
옭아맨 올가미

저 투명한 줄처럼
자유를 결박했던 식구들이
지금 나를 지킨다

차갑지만 단호한
링거 나무를 부여잡고
누군가 끈질기게 복도를 걷고 있다

2부

발광

열대의 반딧불이들 짝짓는 밤이다
암수가 서로 빛을 쏘고 되쏘아주는
무음의 세레나데를 듣는다

짧은 생을 다해 죽어도 좋다!
기꺼이 암컷의 먹이가 되는 수컷
대대손손 형형케 하리라는 본능이 처절하다

반딧불 피어난 어둠 속 맹그로브가
크리스마스트리보다 더 숨 가쁘게 반짝인다
오랜 세월 참고 견뎌야 하는
사랑의 유전은 저렇게 계속되는 거다

지칠 줄 모르는 발광의 군무를 뒤에 두고
칠흑의 강 되돌아 나오는 뱃전
침묵도 뜨겁고 숨 가쁘다

흰빛에 갇히다

저 흰 벌판
눈밭이라 불러야 하나 소금밭이라 불러야 하나
무미의 육각형 레이스 눈꽃 결정도
짜디짠 입방체 소금 결정도
본디 무색 무심일 터
점점 투명해져 지워질 것 같다

눈 덮은 신안 염전
저 흰빛 사이로 무화되어 버린
한 맑은 영혼인지
백로 한 마리 천천히 날아오른다

모이고 모여 흰빛을 이룬 무색 투명들처럼
너의 무심도 쌓이고 쌓여
백기로 내 앞에 현현할까
있고도 없고 없고도 있는 흰빛에 갇히니
다 하찮고 하찮아서……

염부의 땀방울 날아간 하얀 수레들 안에
쌓인 눈발들 포옹이 단단해진다

아무렇지도 않은

바람에 파도에 씻긴 검은 허파들
숭숭 뚫린 구멍마다 맑은 숨 고여 있다
밤바다에서 튀어 오르는 은갈치 반짝임처럼
이곳에선 나의 우울도 환해진다
화산돌에 은모래에 맨몸으로 부딪쳐 오는 시간은
거품으로 부서져도 온종일 경쾌하다
아직 차가운 땅을 밀고 올라온 무의 파란 이마들이,
바람에 밀려 눕고 일어서는 마른 갈대들이
아무렇지도 않다며
아무렇게나 종일 섬을 돌고 돌아도
머리채 산발해도 마스카라 번져도
고립도 고독도 편안하여 아무렇지도 않다
그 남자의 지루한 농담도
그 여자의 짜증 나는 수다도
아무렇지도 않은 여기는
서귀포, 잘 씻긴 싱싱한 바닷가여서
괜찮다 괜찮다
육지에 남은 나의 불안도 분노도

아무런 걱정 아니다
나의 죄도 나의 사랑도 오늘, 여기서는
아 무 렇 지 도 않다

사소한 구름 위를

저 구름은……
존재와 비존재의 경계

수천 미터 상공
비현실적인 몇 올 하얀 구름 위를
현실적인 날개로 무겁게 날아간다

속눈썹 사이 짧게 오간 한숨
흰 터럭 몇 올에 얹힌 서글픔
밤새 후회했던 한마디 말
언제인지 사라져 버린 성긴 약속

저 구름은……

홀연 자취 없어질 네 사소함의 현신
문장도 단어도 되지 못할 내 모음 조각들
무게도 부피도 이루지 못할
우리 시간의 부스러기

그림자도 없어
지상의 너에게는 보이지도 않을
사소한 저 구름

어느 영혼의 한 줌 숨결 위로
참을 수 없는 존재가 되어 날아간다

고비, 별

우리, 별을 보았지

그러므로
함께 별을 바라본다는 건
타다 남은 잔해를 서로에게 보여준다는 의미*

뻗어 오른 은하나무(樹) 부한개 별의 꽃들을
무더기로 핀 벚꽃 아래서
마냥 가슴 부풀었던 봄날처럼
우리 나란히 누워서 함께 보았지
어제도 내일도 잊고 황홀하게
그렇게 우리의 심장은 팔딱거렸지

내 가까이 인연을 다한 별꽃 하나가
순간, 에너지를 폭발시키며
사선을 그으며 떨어지는 줄도 모른 채
먼 밤하늘의 다른 별꽃들만 바라보고 있었지

언젠가 끝장을 보던지
돌고 도는 억겁 인연으로 가던지
그건 별처럼 많은 우리네 관계의 운명
온몸으로 떨어져 내리는 빛의 장엄을

우리 함께, 고독하게 보았지

* 배영옥, 「암전—고영 시인에게」에서.

고비, 바람

나는 오랜 바람을 따라왔다

막힘없이 거침없이 당당한 저 바람
모래 소용돌이 휘몰고 와
나의 허리를 꺾고 무릎을 꿇리는 바람
모래를 옮기고 모래 능선을 새로이 만들며
사막을 범한 발자국들 깨끗이 지우는 바람
구름과 소나기 몰고 다니며
거친 풀과 양과 염소를 키우는 저 바람

나를 더럽혔다가 다시 씻기기도 하는 악마 또는 신
나를 뒤따르게 만드는 저 무서운 굴레

나는 훗날을 기약하며 내 바람을 따라갔다

고비, 구름 그림자

도시에서 잃어버린 그림자
낯설고 거대한 구름 그림자를 본다
내가 끌고 온 비루한 그림자
그 품에서 사라진다

가도 가도 나무 그늘 하나 없는 고비
구름 그림자 아래 앉아
늦은 점심 도시락을 먹다가 소나기를 만난다
혼비백산 자리를 정리하고 보니
어느새 무지개 한 줄
맑게 갠 하늘 눈부셔도
지평선 어느 곳엔 먹구름에 비 내리고 있다

내 삶이 여기 고비에 파노라마로 펼쳐져 있다
보이지 않는다고 없는 것이 아니다
끝없는 햇빛과 구름의 대지에서
얼룩소 무늬처럼 검게 둥글게 넓게 좁게 드리운
그대를 비로소 다시 읽는다

고비, 길

끝이 없다, 경계가 없다
길이 없다

희미한 타이어 자국들은 과거의 흔적일 뿐이다
거리나 방향을 가늠할 수 없는 광대한 평원
지피에스나 구글맵 같은 문명은 무용지물
경험과 본능의 내비게이션만이 길을 인도한다
속도도 안락도 의미를 상실한 모래의 땅
길은 태양과 별과 눈동자와 마음속에 있다

암흑 속 길을 잃고 헤매는 잠시
버려짐이란 본능적 두려움과 대면한다
어느 먼 곳의 희미한 불빛에서
오래된 안도를 만난다

내가 끌고 온 질문의 실타래, 그 엉킨 긴 길을
여기 길 아닌 길에 부려놓는다
가시풀들 훑고 온 거침없는 바람의 길에

나를 맨몸으로 내려놓는다

대답은 길 어디에도 없고 어디라도 있다
가고자 하는 마음이 길이다

신의 뒷모습

어디나 사원이다
흔하게 매달린 야자와 쪽빛 바다
눈망울 순박한 사람들
파라다이스를 닮은 열대의 섬에
험상궂은 얼굴,
뿔 돋은 힌두 신들이 가득하다

머리부터 물을 맞으며 죄를 씻고픈 사람들이
발리 물의 사원에 종일 줄을 선다
저 열두 구멍의 물로 죄가 깨끗해진다면……
소의 얼굴을 한 젖통이 큰 석상들이
여러 명의 아이를 품에 안고
젖을 물린 채 웃고 있다
올망한 눈의 아이들이 내겐 신이다

신과 함께* 연옥을 보며
신이 된 듯 구름 위에서
다시 바다를 지상을 내려다본다

보이지만 보지 못하는 검은 구름 그림자
신의 뒷모습이 얼핏 스친다

* 영화 제목.

거리

텅 빈 김포 후평리 벌판
기러기 한 떼가 길게 옆으로 앉아
일사불란 얼어붙은 저녁을 쪼고 있다

낯선 이의 등장에 일제히 고개를 들고 우향우
경계 태세로 들어간다
와글와글 꽥꽥 꽥꽥…… 포르테, 포르티시모
골똘한 궁리가 점점 더 소란스럽다

슬며시 다가가면 어느새 멀어져 있는
거리, 좁혀지지 않는다
마지노선을 넘어 다가가자
일제히 날아올라 옆 들판으로 옮겨 앉는다

저 장엄한 횡대의 어디쯤
내 옆에 있는 네가 있다

봄이 오면 또 훌쩍

날개에 쌓인 고독을 털며
마음의 끝 어느 먼 북국으로
홀연 날아가 버리고 말,

꽃피는 아몬드나무

구불구불한 가지 위에 이름 낯선 꽃들
어두운 빛의 채석장* 안에서 빛으로 음악으로 피어난
벚꽃 배꽃 닮은

갓 태어난 테오의 아들에게 고흐가 선물한
꽃피는 아몬드나무**
요람 위에 걸린 그림을 조카 빈센트가
집중해서 바라보았다는 경이로운 꽃들
잇바디를 뚫고 올라온 젖니 같은

빛으로 되살아난 반 고흐전
어둠과 우울이 한바탕 지나간 피날레는
하얗고 분홍한 꽃잎들
옥빛 하늘 배경으로 만개하고 흩어지는

불행했던 화가의 가장 행복한 시간
백수십 년을 건너 내 눈에 새롭게 새겨진
빛나는 생명들

꽃피는 아몬드나무 스카프 한 장
하르르 목에 두르고 나서니
프로방스 하늘이 그림처럼 푸르다

* 고흐가 살았던 아를 근처의 작은 마을 레보드프로방스에 폐채석장을 개조해 만든 빛의 채석장 아트센터.
** 빈센트 반 고흐의 그림 〈Almond Blossom〉.

울트라, 동백

새파란 가슴에 옮겨붙은 숯불 같은 꽃봉오리들
한꺼번에 화악 타올라
단 며칠만 만개하면 어때서
된바람 만나 단번에 목 꺾어 투신하면 또 어때서

맺혔다 피고 지고
제멋대로 피고 지고
화무십일홍을 비웃는 듯 열흘씩 한 두어 달
붉은 목숨들의 릴레이

우리 만남은 언제나 이르거나 늦었지
봤다는 이가 거의 없는 꽃의 절정
어쩌면 절정은 늘 바닥에 있는지 몰라

눈 맞고 황사 먼지 뒤집어쓰고
달랑 모가지 하나로 뒹굴어도 꺼지지 않는 숯불
뜨겁고 모진 것들
우리네 엄마 할머니 할머니의 할머니 얼 같은 것들

여기서 저기서 부르다 쓰러지고
다시 일어나 끈질기게 불러대던
삼월의 붉은 만세처럼

부은 발등 수북이 추억을 덮고 서 있어도
마른 입술 새빨갛게 타오르고 싶은 거지
아주 지기 전에
아아, 너무 늦지 않게

울트라, 우리

리스트*를 듣는 밤

한 칸에 한 사람씩 이름을 채워본다
가족 친구…… 문득 낮추고 왕래한 사람들……

누구를 빼고 누구를 넣을까
고민과 불면을 바꾼 시간이
내 관계의 삶 만들었는데
내밀한 것들은 어느 칸에 적을까
나에게 꽃을 달아준 사람
그 이름은 어디쯤에 끼워 넣을까

화이트리스트는 점점 짧아지고
블랙리스트는 자꾸만 길어져
나 두서없이 어두워지는데
화이트리스트 맨 위 칸에 슬며시
그를 앉혀본다
나는 그의 어느 리스트 어느 자리에 올라 있을까

내 인생의 버킷리스트 넣고 빼고 수정하며

사랑의 꿈보다 달콤한 꿈에 빠져보기도 하는데

앳 리스트(At least), 최소한
내 사랑하는 이들
잔금 많은 두 손바닥 명부 칸칸에
삭제되지 않는 등본으로 새기고픈 마음
잠시 내려놓고서……

* 프란츠 리스트의 〈사랑의 꿈〉.

도화몽

햇사래 복숭아빛 햇살 속
오월 어느 날
감곡면 분홍 산자락이었어요
멀리 뻗어나간 가지마다
오십견 환자처럼 지지대 받치고 선
허리 굵은 복숭아 고목
마지막 월경 울컥울컥 게워 낸 꽃송이들이
제일 탐스럽고 화려했는데요
품 넓은 꽃그늘 아래서
꽃 멀미에 그 환장할 오후를
두근두근하고 있었는데요
암술머리를 찾던 꿀벌이
쿠션 팩트 덧칠한 내 얼굴 앞에서
연신 앵앵거리지 않았겠어요
그날 밤, 오랜만에
간질간질 몽글몽글 꽃송이 부풀더니
진땀으로 축축해진 외로운 잠자리가
몰래 붉어지고 말았답니다

3부

네일아트

내 왼손과 그녀의 왼손이 스치던 찰나
은전 두 닢에 붙어 반짝이는 꽃잎들

요금소 박스 안에 앉은 고목
종일 나왔다 들어갔다 하는
마디 굵은 가지 끝에 피어난 빨강
늙다리 사내 하나 모른 척
잔돈 받으며 슬쩍 잡기도 했을

눈인사하는 얼굴 대신
미소 짓는 입술 대신
안녕히 가세요 명랑하게 인사하는
손톱들

하나 혹은 수백 수천을 위한
한 마음의 단청

무죄추정의 원칙

 푸르던 이파리들 누렇게 변해갑니다 어느 것이 당신의 본모습입니까?
 ……나는 모르는 일입니다. 나는 잘못이 없습니다.

 가지 끝에 땅속 뿌리에 주렁주렁 매달린 재화들은 불법으로 취득한 장물이 아닙니까? 태양과 비와 바람이 공범입니까?
 ……진술거부권에 따라 답변을 거부하겠습니다.

 곧 한 해가 다시 소환될 것입니다. 움켜쥔 것 다 떨어질 텐데 이제라도 진실을 고백하고 용서를 구하는 것이 어떻겠습니까?
 ……나와는 상관없는 일입니다

 거짓말과 몰염치의 단풍이 높은 데서부터, 북쪽으로부터 붉게 물들어 내려오고 있습니다. 애꿎은 젊은 잎들에게 죄의 된서리를 덮어씌우면 되는 겁니까?
 ……다 가짜 뉴스입니다

흰 눈이, 시간이 모든 것을 덮어줄 거라고 기대하는 겁니까?
　……다만 판결을 지켜보겠습니다

　죄의 새잎들이 계절도 상관없이 무럭무럭 커가고 있다
　바이러스보다도 무성하게 칡넝쿨처럼 온 땅에 퍼지고 있다

모호한 도시

본질을 알 수 없는 것들이 도시를 덮었다
저항 한번 제대로 못 하고 포로가 되어버렸다
숨을 곳은 어디에도 없다
잿빛 폼페이가 떠오르지만
실체와 원인과 대책은 무엇인지 아무도 말하지 않는다
진실 아닌 팩트만 도시를 부유하며 비웃고 있을 뿐
수치로 카테고리로 알려주는 모호의 정도를
매일 확인하지만
이 미세하고도 찰진 혼탁에는 대책이 없다
치명적인 초미세 입자들에게 눈과 코와 목을 내어주고
뿌연 점액질을 내뱉느라 민달팽이로 시름 앓고 있다
남동풍에 거짓말처럼 투명한 하늘이 탈환된 날은
모호가 걷힌 세상의 진실이
흰 구름처럼 뭉게뭉게 피어오르길 바라지만
그건 신기루 같은 찰나
어디선가 쉬지 않고 날아오는 박무(薄霧)와
오염된 말의 분진들 자욱하다
눈과 코, 귀와 입을 모두 닫아걸어야 견딜 수 있다

이 봄, 손전화 액정 속 세상의 혼탁도는
연일 '나쁨'이다

야간 산책

언제나 나는 시계방향으로
너는 반시계 방향으로 돌았지

선정릉 담장 둘레길을 돈다
강아지가 지나가고 목줄이 지나가고
여자가 그리고 향수 냄새가 딸려 지나가고
달리는 남자가 놓고 온 바람이 지나가고
남자가 지나가고 마지막으로
땀 냄새가 지나간다
체취를 잊어야 너를 다 잊는 것
네가 새겨진 내 세포가 소멸한 것
자마니의 죽음*처럼 너를 완전히 잊어준 것

빌딩 사이엔 떨어질 듯 커다란 붉은 보름달
역사의 승리자가 누워 있는
가장 비싼 봉분들을 축복처럼 비춘다
모든 제국은 사라지고 무덤만 남아도
월하노인은 달빛 풀어 부지런히 인연을 묶고

반짝이는 모텔 안, 그 실에 묶인 어느 한 쌍은
또 부질없는 한 역사를 써나가고 있으리라

사람들, 걷고 또 걷는
노동도 되지 않는 발걸음이 바쁘다
빌딩들, 밤늦도록 밝힌 지친
노동의 불빛이 달빛보다 환하다

* 아프리카 스와힐리족 사람들에겐 '사사(sasa)와 자마니(zamani)'라는 독특한 시간관념이 있었다. 누군가가 죽었더라도 그를 기억하는 한 그는 여전히 '사사'의 시간에서 살아 있는 것으로 간주된다. 하지만 그를 기억하던 사람들이 모두 죽어 더 이상 기억해 줄 사람이 없게 되면 이때 비로소 그 죽은 이는 영원한 침묵의 시간, 즉 '자마니'의 시간으로 들어간다고 한다.

누구를 위하여 불꽃은 터지나

밤하늘에 선혈 낭자하게 불꽃 터진다
봉은사 석가대불 아래서
백 층 롯데타워 아래서
온종일 기다리던 인파
환호와 소망이 터져 올라간다
새해를 맞이하는 거룩하고 자비로운 순간이다

지구 반대편 가자지구에는 어둠을 가르는 섬광
공포의 눈빛들 숨을 곳 찾아 내달린다
울음과 신음이 부서져 내린다
이유도 모르는 핏빛 불꽃놀이
언제나 끝날까
별들도 떨며 폐허를 지켜보고 있다

탄성과 비명이 뒤섞여 이명으로 울린다
나는 다만 두 손을 모을 뿐
무신론자에게도 간절히
선한 신이 필요한 날들이어서

늙은 봄

내소사 천왕문 입구
늙고 왜소한 벚나무 한 그루 서 있다
나 아직 살아 있다고
삐죽삐죽 뻗쳐선 아기 머리카락처럼
등허리에 잔가지 내고
죽을힘을 다해 꽃을 피워 올렸다
유모차 밀고 지팡이 짚고
봄 소풍 나온 등 굽은 할매들
꽃무늬 스카프에 모자에 앉은 봄 햇살 환하다
쭈글한 입술도 송이송이 부푼다
세월의 거친 등걸에도
오늘은 간절한 봄꽃 터지겠다

반짝반짝 기쁨조

별꽃이에요, 얼음꽃이구요
분홍 봄꽃이었고 초록 그늘이었고 단풍이었어요
지금은 한 해의 막다른 장
별을 볼 수 없는 그대들을 위해
온몸으로 뜨거운 별과 달을 반짝이고 있지요
창백한 그대의 맑은 눈동자 속에도
쇼핑백 가득 들어찬 포르셰 창문에도
나 어디에나 반짝이며 들어 있지요
근데 나 기쁨, 맞나요?
아무렴 어때요
명품관 주차장 입구에서 종일 두 손 반짝이며
마네킹이 되어가는, 망토 속 얼어붙은 그대
나, 언제나 지켜볼 수 있는데요
온몸에 전선 휘감고 소신공양 바친 겨울 지나면
화인마다 피고름처럼 다시 꽃 피고 잎 돋는
봄이 올 텐데요
그대 흩날리는 머리 위로 사뿐사뿐
또 한 잎 두 잎 내려앉을 건데요

최고의 행복 같은 빛들로 넘쳐나는
청담동 로데오 거리
눈발도 캐럴도 날리지 않지만
오늘도 밤새워 깜빡깜빡
그대들의 성탄을 축하합니다!

흙수저 물고

저어새들, 저 흙빛 밥숟가락 닮은 부리에
희망을 물었을까 절망을 물었을까
물속에 고개 박고 저어가며 물고기 잡다가
하루 일 마치고 일제히
잘 곳 찾아 날아오른다
잉여의 즐거움 없는 노동
가끔은 반짝이며 은수서가 되기도 한다

겨울 철새 노랑부리저어새와
잠깐 만나기도 한다는데
저어새는 그들의 금빛 부리가 부러울까
비교 없는 세상인지라 그저 담담할까

좀 더 먹어라, 많이 먹어둬라
아무도 도와주지 않는단다
흰옷 입은 목이 긴 은자(隱者)들, 곧
겨울나러 대양을 건널 것이다

영종도 갯벌, 석양이 붉다
맨손으로 유학 가는 삼촌
하염없이 손 흔들며
멀어져가는 비행기를 바라봤던
그 옛날 내 할머니 눈동자처럼

바이러스 월드

보이지도 않는 검은 그림자가
지구 상공을 누볐다
불행히도 불안은 비껴가지 않았다
검은 그림자는 수액처럼 지상에 스며들었다

뉴스를 보다 잠이 들었는데
끝이 안 보이는 배급 줄 맨 끝에
내가 떨며 서 있었다

격리와 고립이라는 초유의 현실
죄 없는 사람들 마녀사냥당하듯 죄인이 되고
서로서로 책임을 떠넘기며 추궁했다
총성도 없이 선전포고가 이어졌다

마스크 두 장을 다 쓰고 창문 닫고
머리까지 이불을 덮어 올렸다
그날 밤에도 나는 낡은 잠옷 바람으로
보이지도 않는 배급 줄의 꼬리를 찾으며 울고 있었다

역설적으로 다시 푸르러 맑아진 지구를
검은 그림자가 내려다보며 웃고 있었다

하나원* 일지 1
―나팔꽃 인사

하나원 첫 의료봉사 날
헐레벌떡 3층 진료소에 오른다
"안녕하십네까, 안녕하십네까?"
복도 대기 의자에 앉아 있던
십여 명의 여자들 일제히 일어서서
기역자로 허리를 굽히며
높고 낭랑한 북한식 목소리로 인사힌다
겨울 햇살 빼꼼히 퍼져 들어오는
고요한 일요일 아침 텅 빈 공간에
나팔꽃 인사가 송이송이 환하게 피어난다
이렇게 힘찬 인사를 받은 적이 언제 있었나
내가 더 부끄러워 얼굴 뜨거워져
자라목 목례만 겨우 하고 서둘러 들어가는데
등 뒤가 참 오래 따뜻하다
나는 오전 내내 상한 꽃잎 속을 어루만지며
할미꽃보다 더 목과 허리 굽혀
나팔꽃 인사에 화답하였다

* 하나원: 탈북자 정착 교육 기관.

하나원 일지 2
−네일아트

오랜 불안과 공포만큼이나 아팠던
위 어금니 신경 치료도 끝나고
마지막으로 크라운을 씌운 날
내내 찡그렸던 얼어붙은 표정이
봄바람 같은 안도의 한숨 내쉬며 환하게 펴진다
30대 중반의 얼굴도 고운 김ㅇ순 씨
진료의자 팔걸이를 꼭 잡고 있는
열 손가락 손톱마다
알록달록한 색과 무늬들 반짝인다
손끝에 두 눈에 더듬이 바짝 세우고
칠했다 지웠다 수없이 연습했을 네일아트
남몰래 흘렸던 피눈물이
송이송이 희망처럼
그녀의 여린 가지 끝에 꽃을 피웠다

하나원 일지 3
-먼 길, 비싼 길

우리 북조선 사람들은 한다면 합네다!
50대 중반의 최ㅇ철 씨
광저우 등지에서 10년 넘게 머물며
개성 홍삼, 경옥고, 우황청심원……
북한의 한약재 중국에 파는 일을 했단다
여러 번 공안에 붙들려 갔었단다
더 이상 이러다간 죽겠구나 싶어
지도를 보며 몇 달을 연구하고 태국 국경으로 넘어가
무조건 싸우스 코리아 엠버씨!
했다며 자랑스레 미소 짓는다
몇 시간 거리 대한민국에 오느라
억울한 십여 년이 걸렸단다
그래도 브로커 비용 안 든 게 어디냐며
합죽한 입으로 웃는데
얼어붙었던 젊음 골골이 녹아 빠져나간 듯
입가로부터 얼굴 전체에 물결 넘실댄다
무너져 내린 것이 이와 잇몸뿐이겠는가
노잣돈으로 치아까지 다 써버렸는지

아래 송곳니 두 개만 달랑 남았다
틀니를 끼워주자, 입매가 봄 언덕처럼
다시 도톰하게 부풀어 오른다
모진 시간의 흔적들 희미하게 지워진다
새로운 땅만큼이나 틀니 두 짝 낯설겠지만
저 웃음의 힘으로
몇십 년 거뜬히 버틸 것이다

소설(小雪)

긴 이야기의 에필로그를 펼친다

아무도 모르게 썩어버린 사랑니
뒷면이 욱신댄다

떨어지지도 못한 계절 끝 낙엽들과
옥탑방 빨랫줄에서 삭아가는 옷가지가
희뿌옇게 흩날린다

시큼하게 식어버린 에티오피아 커피에
눈발 내린다

기억도 먼 이름들이 소환되어
앉았다 간다

덧바른 화장 모공마다 허옇게 들뜬 얼굴이
거울 속에서 나온다

자꾸만 낮아지는 회색 하늘로
흰 새 날아오른다

천수관음
―발 마사지

소라껍질 바깥의 아비(무간)지옥, 규환지옥의 소식들이 요지경 티브이 안에서 소용돌이치고 있는 밤. 소파에 길게 누운 한 남편의 발을 허벅지에 올려놓고 아내가 주무르고 있습니다. 종일 사바세계를 떠돌다 온 두터운 굳은살을 나이테 많은 옹이진 손가락으로 조물락거립니다. 용천혈, 실안혈…… 뻘낙지 같은 손놀림으로 꼭꼭 짚어 가니 오장육부 나긋나긋 잠잠해지고 천근만근 눈꺼풀 스르르 감겨옵니다. 가르릉가르릉 코 골며 잠든 남자. 백발 성성한 얼굴이 천진난만 동자승이 되어 가고요. 호수의 물무늬처럼 번지는 아내의 미소는 가족사진 웃고 있는 뒷벽에 마애불로 새겨지고 있습니다.

4부

벚꽃

한 열흘 이름을 얻었던 저 나무들
침묵 속에 키워온 영근 말들이
농아들의 수화처럼
왁자지껄 고요히 떨어져 날리네

공원에서 그네 타는 울 엄마
지난 기억들은 꽃잎처럼 날려버리고
해맑게 웃고 계시네
엄마 없이 자란 울 엄마
봄 같은 어린 시절을 즐기고 있네

엄마의 봄이
늙은 벚나무 위를 날아가네
백발 위에 앉은 벚꽃잎 두어 장
아슬하게 흩날리네

헐거워지다

나를 붙박아 놓았던 몇 개의 나사못들
제일 소중히 깊숙이 박힌 아이들 중
하나가 반쯤 빠져 덜렁이더니
하나는 아주 빠져 내게서 달아나 버렸다

엄마라는 녹슨 못은
빠질 듯 말 듯 흔들거리며
계속 내 신경을 긁는다

저 못들 얼른 다 빼버리고
홀가분 훨훨 날아 자유롭고 싶었으나
나도 모르게 불안이 고무 튜브처럼 부풀어
가슴을 조여온다

덜렁덜렁 휘둘리다가
내 옆자리 못까지 다 빠지는
그때가 갑자기 오면 어쩌나

내가 먼저 뜯겨 허물어져 버리지나 않을까

풀어질 일만 남은 무더기 시간들이
허정허정 흔들리고 있어서
아랫도리라도 괜히 한 번씩
힘주어 조여 본다

밥걱정

1
"점심은 먹었니?"
"그럼, 지금이 몇 신데……"
마트표 반찬과 먹거리들 사 들고 가서
냉장고에 채워 넣는다
엄마가 또 묻는다
"밥은 먹었니?"

바리바리 반찬 싸 들고
시집간 딸 찾아오던 그 옛날 엄마처럼
내가 이제 엄마의 엄마가 되어
약통에 약도 담고
저녁밥 배달을 시켰는데
깜빡깜빡 엄마는 또 묻는다
"점심 먹었니?"

쪼그라진 엄마의 머릿속을
떠나지 않는 밥

배달 오토바이는 한 시절을 달려오고
엄마의 밥걱정은 한 생을 요약 중이다

2
당직 중인 딸내미 궁금해서
지구 반대편 아들 보고파서
그냥 문자 한 줄
"밥은 먹었니?"

"oo"
뭘 먹었는지 물어볼까 망설이다가
이모티콘 하나 보내고 마는
나도 배달의 엄마인가
유구한 자식 밥걱정

영종도

아들 떠난 하늘 눈시울이 붉다
둥지를 떠나 멀리 날아간 너 대신
잠잘 곳 찾아 날아올
하얀 새 떼를 기약 없이 기다리다가
흑조 몇 마리로 마음 달래고 뒤돌아선다
연신 날아오르는 비행기도
지금쯤 태평양 상공을 날고 있을 네 얼굴도
점점 어두워져 멀어만 간다

얼마 남지 않은 나의 오늘
금(金)의 시간이 마지막 수(水)의 시간으로
바뀌고 있는데
다시 새롭게 기다려야 한다
네 싱싱한 나무(木)의 시간을*

---

* 역리학에서 오행의 순서가 목-화-토-금-수이다. 사주팔자에서 나의 일간은 金이고, 아들의 일간은 木이다.

양파를 썰며

새파랗게 날 선 양파의 독기에
눈 코 머리 가슴속까지 아뜩하다
은장도 날처럼 빛나는 촉
푸른 싹을 제 몸의 중심에 잉태하고
겉치마 속치마 겹겹으로 동여맨 결기를
혼신으로 뿜어대고 있다
암컷들은 온몸으로 독을 끌어모아
제 가운데 품은 싹 지켜낸다
제 살 다 내어주고 쭈그러든 저,
몸뻬 바지 속 양파는
더 이상 맵지도 못하다
장아찌 담근다고 괜스레 분주한
백발의 뿌리가 성글다
벼린 날에 찔린 듯 눈물 콧물 고인다

엄마의 지난날들이 진한 냄새를 풍기며
새카맣게 졸고 있다

마지막 눈과 귀

뱃속에서 나오는 모음으로
눈물 섞어 나를 반긴다
응응 우워우워엉
루게릭병이 삼킨 친구는
손가락 마디 하나 움직일 수 없다

가지런한 두 손 지워질 수도 없는 매니큐어가
곧 져버릴 꽃잎처럼 서럽다
나팔꽃 두 귀를 쫑긋하고
눈동자로 애써서 장단을 맞춘다
가끔씩 시든 꽃대처럼 목이 툭 꺾여도
이 순간은 눈빛 명랑하다

육체는 눈동자로만 세상과 소통할 뿐
감옥에 갇힌 영혼을 배반하지 않는 건
눈과 귀뿐이다

배꼽에 탯줄 같은 영양 튜브를 꽂고도

점점 작고 가벼워지는 그녀
태초의 눈부처로 돌아갔는지
온 생을 담은 커다란 눈동자 맑디맑다

무릎 담요 아래 다리가 앙상해서
너무 오랜만에 찾아온 내가 미안해서
베란다 밖 매화 꽃눈에게로
자꾸 시선을 돌린다

우화등선

관 속 같은 엄마 옷장 속
오래된 옷가지들을 꺼낸다
엄마 몸이 들어가 푹 빠진다
한 줌이 된 엄마가
저 큰 옷의 주인인 적 있었다니

어린 시절 초등학교 운동장은 한없이 넓고
가까운 등굣길도 멀었듯
작아진 엄마에겐 세상이 점점 넓고 멀어진다
길도 더 넓어져 건너기 힘들고
한강 건너 우리 집도 더 멀고 멀어져
이제 찾아오지 못한다

엄마의 작아진 몸에는
적은 용량의 기억만 남을 수 있는지
백발이 된 머리카락처럼
기억은 하얗게 자꾸 지워지고 말아
이것도 생전 처음 먹어보는 음식

저곳도 생전 처음 가본 곳
그 소식도 처음 듣는 소식
모든 것이 새롭고 신기하다

점점 아이가 되어가는 엄마
몸도 기억도 가볍고 가벼워져서
고치처럼 작은 몸 웅크리고 누워
우화등선을 꿈꾸고 있다

나목

수사도 미사여구도 주석도
다 삭제하고 간결해졌다

항암치료제 돌자
여린 물관 뜨겁게 타들어 가
머리카락 눈썹 이파리……
모두 말라 떨어져 버린 겨울 나뭇가지

그녀는 모딜리아니의 그림
사라진 한쪽 가슴을 가린 헐렁한 옷에서
삐죽 빠져나온 마른 팔다리
한없이 길고 가느다란 그녀에게
"완전 모델이네" 농을 친다
자작나무 이파리 팔랑이듯
하얀 치아 사이로 미소가 반짝인다

덮어쓴 스포츠 모자 아래로 빠져나온
봄싹 같은 머리카락을 희망이라고 말하자

삶을 요약하기는 너무 이른 그녀
표적항암제 아직 돌고 있을 손등의 핏줄에
봄물 오르고 있다고,
파릇파릇, 새, 새, 새순 돋는다고 말하자

병든 잎 다 떨구고
혼자 조로한 창밖 은행나무
이유도 원인도 모르는 바람 맞고 서 있다

봄꽃은 왕관*을 쓰고

유난히 더 노란 봄이 왔다
산수유 꽃들까지도
바이러스 왕관을 쓰고 있었다
꽃구경 다녀간 사람들이 왕관에 감염되었다며
모든 꽃놀이를 금지한다고 했다
만개한 유채꽃밭을 트랙터가 갈아엎었다
천지는 더 노랗게 뜨거나 하얗게 질렸다
부고도 없이 바람에 떨어져 사라지는 혼들이
매일같이 봄밤을 흔들었다
비말처럼 기침처럼 혹은 각혈처럼
꽃잎들은 숨죽여 죄인처럼 피고 졌다
세기적 봄날들이
역사책에 붉은 꽃잎으로 각인되며
고개를 떨어트린 채 흘러갔다

---

* 코로나(Corona): 라틴어로 crown(왕관) 혹은 halo(후광, 광배)를 의미한다.

거리 두기

이 미터면 되겠나 그대와 나 사이 거리
말뚝마다 하나씩 앉은 저 갈매기들의
거리만큼이면 좋지 않겠나

아득히 보이지 않던 그대 얼굴은
정말 한아름 거리에 오기는 하는 건가
밀접했던 마음은
그만큼 더 띄워야 하는 건가

사회적 거리는 물리적 거리
심리적 거리도 멀어지는가
내 옆자리는 언제나 비어 있는데

닿고 싶어 닿고 싶어
네가 없어 키 커진 그림자만
텅 빈 거리를 오래 서성인다

삼선 슬리퍼 한 쌍

한 방향으로 나란한
삼선 슬리퍼 두 켤레
죽음 한 켤레 삶 한 켤레가
엄마 집 현관을 지키고 있다

이제 그만 치우라고 잔소리해도
집안엔 남정네가 있는 것처럼 해야 한다
변명인지 고집인지 그리움인지
얼마 남지 않은 마지막 기억의 미련인지
십 년 넘게 한자리에 붙박여 있다

절뚝이던 다리로 15층에서 마당까지
쓰레기 들고 내려오던 저 슬리퍼
더 이상 늙지도 낡지도 않는
아빠의 자취다

엄마는 자꾸만 커다란 저 슬리퍼를 끌고
쓰레기 버리러 나가신다

아빠의 커다란 눈동자 같고 함박웃음 같은
보름달빛 백발 위에 얹고서
발 시린 줄도 모른 채

행복한 동행

*

산자락 늙은 아파트
묵은 냄새가 엄마보다 먼저 나를 맞는다
라디오 목소리와 TV 얼굴만 살아 숨 쉬는
침침하고 비릿한 수족관
눈 어둔 회색 심해어 한 마리가
느릿느릿 오가고 있다
점점 작아지고 캄캄해져
심해 바닥으로 납작 붙어버려
문득 다시 알로 돌아갈 것만 같다
나는 적막의 물결 사이로
내 부피와 목소리를 욱여넣다가
온몸에 엉겨 붙은 고독과 함께
다시 어두운 수족관을 빠져나온다

**

번화가 고층 아파트 통유리창에 저녁이 스민다 검푸른
수족관 안을 산소 방울처럼 채우는 에프엠 음악에 맞춰

지느러미 흔든다 그윽한 디제이의 목소리만이 나를 동행하는, 행복해야 하는 시간 균열마저도 견고한 유리 벽 밖은 열대어의 군무처럼 빛으로 화려해지고 내 바다는 점점 어둠이 깊어진다

외길

폭염에 입맛도 달아나 물 말아서 열무김치 함께 욱여넣는다
입과 아래 구멍 사이의 거리 수십 센티
이 길을 채우고 비우고 다스리느라 나도 돌쟁이 손녀도 미수의 노모도
매일 노역이다

젖과 기저귀로 시작해서 또다시 회귀하는 길
그러나 보이지 않는 뱃속엔 가늘고 구불구불한 질곡의 길 9미터
평생 걸어 도달한 저 캄캄하고 지난한 길 끝이
인간의 존엄을 뒤흔들기도 한다

경건히 간절하게
저 길에 엎드려 오체투지
온 힘을 다하는 아침
무사히 그분이 다녀가시길

헐렁한 동행

 수없이 뽑았다 내린 꼭지가 헐렁해져 물이 똑똑 떨어진다. 어제는 맘대로 잠가지지 않아 소변을 지리고 말았다는 노모의 걱정을 애써 살살 잠가 드렸다. 헐렁해진 관절을 보상하느라 빡빡하게 뭉쳐버린 어깨를 우두둑우두둑 돌려본다. 헐렁해지는 하루를 뱅뱅 돌며 조이고 잠가 본다. 오래 손길 마음길 오간 우리 사이 자꾸만 말씨 맘씨 놓쳐 헐렁해진다. 꼭꼭 숨 참고 힘줘 보는데 오래되어도 헐렁해지지 않는 계절이 돌고 돌아와 팽팽히 새잎 틔우고 있다.

세입자

관뚜껑이 닫히고
두려운 소리만이 나를 지배한다

숨 들이마시세요
숨 내쉬세요
숨 참으세요
숨 쉬세요
숨을 규칙적으로 쉬세요

숨, 숨, 숨……
한 번도 생각해 본 적 없는 숨쉬기가
이리 힘들 수 있다니
나는 얼마나 내 몸을 맘대로 할 수 있나
심장박동도 소화도
너를 향한 내 체온도 지배 영역 밖인걸

다 끝났습니다!

다시 아무 일 없는 지상으로 걸어 나온다
비 그친 하늘 뭉게구름 뒤 어디쯤
숨어 있을지도 모를 내 몸 주인에게
보증금 인상 없는 재계약을 읍소해 본다

오 척 육신에 종신으로 세 들어 살다가
불현듯 퇴거 명령 떨어지면
다 비워주고 홀홀
알 수 없는 먼 길 떠나야겠지

달,인

소원을 너무 많이 먹어
터질 듯 살 오른
저 달

먹고 게우고 쪘다 빼고
수십억 년
다이어트 잘 유지하는 부러운 달인

세상사 다 아는 듯 모르는 듯
무심하고 천진한 차갑고도 환한
저 달

토하지 마라 간절히
내 소원 한 숟가락
더 떠먹이고 돌아선다

| 산문 |

송곳니의 힘

이영혜

　시는 내게 과연 무엇일까? 나는 왜, 무엇을 썼을까? 근본적이지만 쉽게 답을 찾을 수 없는 질문을 다시 마주하고 또 골똘해진다.

　나란 축을 중심으로 풍력발전기처럼 쉬지 않고 같이 돈 날개들. 내 삶에 힘을 전달해 주고 내 시가 된 날개들을 생각해 본다. 불완전한 모순덩어리인 나, 그런 나와 동행해 온 나의 가족과 친구들, 내가 가장 좋아하는 여행 그리고 내가 몸담고 사는 변화하는 이 사회가 그 요약이리라. 나와 때로는 불화하고 때로는 화해하며 돌아가는 이 날개들에 힘입어 여기까지 왔고, 그 사이사이 피어나는 꽃처럼, 또는 절규의 일기처럼 몇 편의 시가 남았다.

1. 링거나무 아래서

2년여를 끌었던 코로나가 끝날 무렵, 나는 갑작스럽게 죽음의 문지방을 밟다가 돌아왔다.

소화불량, 명치 통증, 고열, 무력감 등등의 증상을 해열제와 동네 의원 방문으로 다스리다가 휴일날 집에 있던 딸이 축 늘어진 엄마를 대학병원 응급실로 데려갔다. 응급실 안으로 들어가지도 못하고 임시 검사소에서 코로나 검사와 온갖 검사를 받으며 반나절을 보내고 저녁이 다 돼서야 찍은 CT에 모습을 드러낸 어른 주먹보다 더 큰 검은 그림자. 췌장 꼬리 부분에 급성으로 생긴 낭종으로 나는 바로 응급 입원을 해야 했고, 다음날 진정마취 후 내시경을 통해서 위와 낭종을 연결하여 배농을 하는 배액관을 삽입했다. 그 뒤로 고농도 항생제 투약을 위해 열흘이 넘는 입원 생활이 시작되었다. 낭종이 거의 터지기 직전 발견되어 염증성 피고름이 뱃속에 퍼지는 심각한 위급 상황을 가까스로 모면한 것이다.

입원 기간 내내 맑은 수액과 하루 몇 번 투여되는 노란 항생제가 달린 링거대는 나의 분신이 되었고, 긴 줄 끝에 연결된 주삿바늘은 자주 내 핏줄을 뚫고 손목을 멍들고 붓게 했다. 핏줄로 들어간 약들은 내 몸의 염증 상태를 빠르게 없애고 나를 회복시켜 살려내고 있었지만, 나는 이 주삿바늘과 줄들로 인해 불편하기 짝이 없었다.

하지만, 대부분 심각한 암 환자들이 항암 치료를 받으러 입원하는 병동이었기에 밤새 구역질하고 신음하는 그들과 보호자들을 보며 나는 어떤 불평불만도 사치스러워 잠 못 드는 밤마다 그저 이불을 덮어썼다. 항생제 투여 기간만 끝나면 퇴원할 나는 어쩌면 나이롱환자라 생각되었기에.

처음엔 내 상태가 놀랍고 두려워 눈물과 기도밖에 나오지 않았으나, 차츰 몸이 회복되는 걸 느끼며 나를 다스려갔다. 매일 찾아오는 식구들이 나를 지켜주고 있었고 옆에서 응원해 주는 벗들이 힘이 되어주었다. 저 링거줄처럼 칭칭 나를 옭아매서 나의 자유를 속박하던 가족들이 나를 살게 하고 늘 나에게 살아갈 힘을 주는 나의 가장 소중한 의미임을 다시금 깨닫기도 했다.

입에서 항문까지 잘 먹고 잘 배설하도록 그 외길을 다스리는 일이 쉽고도 어려운 것이 우리 삶인데, 내 몸을 내 스스로 제어할 수 있는 힘은 너무나 미약하여 절로 두 손이 모아졌다. 나를 지배하는 주인에게 종신 세 들어 사는 이 초라한 오 척 단신! 비용 인상 없이 더 오래 살다가 불현듯 퇴거명령 받고 홀연히 평화롭게 떠나갈 수 있기를 빌었다.

주렁주렁 오랏줄에 묶인 수형자들
생명줄이 포승줄 같다

화장실도 거동도, 두려움과 고통도
옭아맨 올가미

저 투명한 줄처럼
자유를 결박했던 식구들이
지금 나를 지킨다

차갑지만 단호한
링거 나무를 부여잡고
누군가 끈질기게 복도를 걷고 있다

-「링거나무 아래서」부분

 꽤나 긴 입원 기간 동안 듣기 싫어도 들을 수밖에 없는 암 환자들의 신음과 울음소리, 그 어두운 안색과 퀭한 눈망울들이 번갈아 가며 병실에 들어왔다가 나갔다. 그런 그들을 지켜보는 가족들의 마음만큼이나 나 역시 그들을 보며 안타깝고 가슴이 아팠다. 그동안은 내 가까이에 이렇게 힘들고 아픈 이웃들이 많다는 사실을 특별히 인식하지 못하고 살아왔었다.
 그렇게 힘든 병원 생활을 끝내고 많이 날씬해진 모습으로 일상에 복귀하며 나는 조금이나마 삶과 죽음에 대해 관조할 수 있게 되었다. 그리고 그 지난한 여정들이 자꾸 내 눈과 가슴에 밟혀 내 시에 가장 많은 키워드가 되었다.

2. 삼선 슬리퍼 한 쌍

내 친정은 전주 이씨 왕족의 방계 혈통이다. 내 본적은 종로구 명륜동이고 나는 종갓집 장손의 귀한 맏딸로 태어났다. 명륜동 성균관대 뒷산 쪽 아흔아홉 칸 한옥이 나의 본적지였다. 나는 그곳에 한 번도 살아본 적도 없고 그 이전에 없어졌다고는 하지만 그에 얽힌 다음과 같은 얘기들을 많이 듣고 자랐다. 궁에서 잔치를 하면 궁녀들이 진상 음식을 이고 왔다는 이야기, 양반의 종손인 할아버지와 종로통에서 장사로 부를 일군 부잣집 맏딸인 할머니의 혼인 때 혼수를 싣고 이고 진 행렬을 보기 위해 사람들이 종로통을 메웠다는 이야기, 일제 강점기에 인재 양성을 위해 사재를 내어 사학(혜화학당)을 세우신 증조할아버지(대원군과 매우 가까운 사이셨다고 함)와 그 선생들이 숙식을 하던 명륜동 집 이야기, 일제강점기와 6·25 전쟁을 겪으며 몰락해 갔던 서울 토박이인 우리 집안의 이야기들을 할머니께 들으며 자랐다. 아마 내가 소설가였다면 현대사의 질곡을 넘으며 살아낸 서울 토박이 양반가의 일대기를 꽤나 흥미롭게 써 내려갔을 터이다.

엄마는 장남인 아빠한테 그 당시는 많은 나이인 24살에 시집와서, 또 한참을 기다리다 4년 만인 엄마 28살, 아빠 33살의 늦은 나이에 첫딸을 품에 안았으니 나는 얼마나 귀한 아이였을까. 그 후 6년 또 4년 터울로 두 여동생

이 태어났지만, 난 아들에 버금가는 기대와 부담을 짊어지고, 부유하진 않았지만 너무나 선하셨던 부모님의 전폭적인 지지와 사랑을 받으며 성장했다.

십여 년 전 세상을 뜨신 아빠는 한 번도 나를 야단치신 적이 없었다. 현대사의 소용돌이에 휩쓸려 수많은 고생을 하셨고, 말년엔 척추관협착증 수술을 받고 거동이 자유롭지 못해서 요양병원에서 지내다 생을 마감하신 아빠를 생각하면 가슴이 미어진다. 나와 내 아이들을 늘 웃음과 사랑으로 감싸주셨던 우리 아빠. 내가 가겠다는 연락을 하면 내가 도착하기도 전에 미리 나와서 내 차를 기다리고, 갈 때는 내 차가 안 보일 때까지 손 흔들며 지켜보던 아빠. 백미러에 아빠 모습이 사라지면 늘 가슴이 아렸다. 모든 사람들이 법 없이도 살 사람, 인물 좋고 체격 좋은 호인으로 기억하고 있는 아빠를 내가 좀 더 세심히 보살폈다면 더 건강히 오래 사셨을 텐데 하는 후회가 밀려온다.

> 한 방향으로 나란한
> 삼선 슬리퍼 두 켤레
> 죽음 한 켤레 삶 한 켤레가
> 엄마 집 현관을 지키고 있다
>
> 이제 그만 치우라고 잔소리해도
> 집안엔 남정네가 있는 것처럼 해야 한다

변명인지 고집인지 그리움인지

얼마 남지 않은 마지막 기억의 미련인지

십 년 넘게 한자리에 붙박여 있다

절뚝이던 다리로 15층에서 마당까지

쓰레기 들고 내려오던 저 슬리퍼

더 이상 늙지도 낡지도 않는

아빠의 자취다

— 「삼선 슬리퍼 한 쌍」 부분

  혼자 남으신 엄마는 너무나 강인한 성격에 총기가 넘치는 분이었지만, 외로움에서인지 치매에 걸리고 말았다. 점점 시간을 거슬러 어린아이처럼 퇴화하는 엄마, 이제 그 끔찍이 아끼던 딸들 이름도 헷갈리고 아기처럼 해맑은 얼굴엔 본능만이 남아서 우리를 안타깝게 한다.

  나의 외손녀가 하루가 다르게 커가면서 영리해지는 데 반해, 점점 몸도 기억도 쪼그라드는 엄마. 한쪽을 돌보는 즐거운 노동과 다른 한쪽을 돌보는 괴로운 의무 사이, 신생과 소멸이라는 물지게를 양어깨에 지고 나는 매일 위태롭게 걷고 있다.

  내 핏줄들의 생로병사의 길을 함께 걷고 거두고 지켜보는 이 일이 결국 내 길이고 내가 해내야 할 가장 보람 있고 가치 있는 일이리라. 나 또한 이 길 끝에서 내 핏줄들의 배웅을 받으며 걸어온 길의 문을 닫고 작별을 고하게 되리라.

3. 고비, 길

나는 여행을 꽤 좋아하는 편이다. 새로운 여행을 계획해서 기다리고 긴장 끝에 여행을 소화하고 돌아오고 그 감회를 곱씹고 하다 보면 세월이 훌쩍훌쩍 흘러감을 느낀다. 가까이 또는 멀리, 여행은 삶의 비타민이자 나라는 삶의 축을 돌려주는 한 날개의 힘찬 동력이다.

긴 시간을 돌아 낯선 땅, 완전 다른 시간이나 공간인 듯한 곳에 발을 디뎠을 때의 그 느낌을 좋아한다. 적당한 쓸쓸함, 경이로움, 대자연 앞에서 내가 한없이 작아지는 두려움과 경외감은 내가 살아 숨 쉬며 느낄 수 있는 최고의 떨림이다.

오랜 역사에서 인간이 만들어낸 경이로운 유적지와 유물들을 돌아보는 것도 감탄스럽고 멋진 경험이지만, 나는 그것보다는 거대한 날것의 자연 앞에 서는 것을 더 좋아한다. 인간의 손으로 만들었다고 믿을 수 없는 성당이나 성, 도시, 무덤 등등을 보면, 찬사와 더불어 그 노역에 동원되어 일생을 바쳤을 민초들의 피눈물이 떠올라 마음이 불편해지기 때문이다. 그런 거대한 문화유적이 없는 우리나라가 그래서 다행이고, 우리 선조들은 백성을 그나마 착취하지 않았구나 하는 위안이 들기도 한다.

그에 반해 대자연에 펼쳐놓은 신의 작품들은 오롯이 온몸으로 내가 거기 부려져 일체가 되는 벅찬 몰아의 순간을 선사해 준다. 그런 광경을 마주하면 내 짧은 생과 아등바등하는 내 일상이 얼마나 하찮은 것인지, 내가 누군가를 미워하고 괴로워했던 감정들, 인간의 오욕칠정이 얼마나 부질없는 것인지 조금은 겸허해진다. 나를 그곳에 내려놓고 다 털어버리는 카타르시스는 나를 정화하는 데 큰 힘이 되어준다.

그렇지만 여행지에서 떠오른 생각이나 느낌들은 왠지 생각보다 시로 잘 재탄생하지 못한다. 그 감동이 숙성되면 나중에 찬찬히 써봐야지 하지만, 내 여행 시편들은 번번이 모습을 갖추고 세상에 나오지 못하고 만다. 하지만 몽골은 나에게 꽤 많은 몽골 시편을 낳게 해주었다.

끝이 없다, 경계가 없다
길이 없다

…(중략)…

내가 끌고 온 질문의 실타래, 그 엉킨 긴 길을
여기 길 아닌 길에 부려놓는다

가시풀들 훑고 온 거침없는 바람의 길에
나를 맨몸으로 내려놓는다

대답은 길 어디에도 없고 어디라도 있다
가고자 하는 마음이 길이다

-「고비, 길」부분

나는 몽골을 세 번 다녀왔다. 첫 번째는 문창과 대학원 동료들과의 졸업 여행으로, 두 번째는 해외 진료 봉사로, 세 번째는 사진 찍는 그룹에서의 출사 여행이었다. 첫 번째 몽골 여행에서 대자연의 신비와 감동을 은하수 별밤과 함께 오롯이 경험하고 왔다. 그리고 10년 후 다시 찾은 세 번째 몽골 여행에서는 꽤 긴 시간 고비사막과 다른 곳들을 둘러보며 그 감동은 배가되었다. 꽤나 고달팠던 길도 없는 길을 달리던 여정과 여러 날 밤새 카메라에 담았던 반구 가득한 별들, 사막에 휘몰아치던 모래바람 등이 지울 수 없는 기억으로 새겨졌다. 길도 없는 사막을 희미한 타이어 자국이나 기사의 경험에 의지해서 종일 달렸다. 가도 가도 비슷한 풍경들 속에서 소나기가 내리고 무지개가 뜨고 모래바람이 불고 양과 염소들은 평화롭게 풀을 뜯었다. 때로 어둠이 내려 길을 잃고 헤매다가 가까스로 나타난 목적지의 불빛에 안도의 숨을 쉬고 아주 늦은 저녁을 먹기도 했다.

마치 며칠 만에 내가 여태껏 살아온 여정을 파노라마로 만난 느낌이었다. 나는 평생 어떤 길을 달려왔나. 아직도 더 편한 길을 찾으려 부질없이 애쓰고 있지는 않은가. 길은 언제나 내 앞에 없었고, 너무 많이 있었다. 가고자 하는 내 마음이 그 길이었던 것이다.

4. 달팽이 계단 정류소

내가 발 딛고 내 자식들이 살아가야 할 세상이 평화롭고 안전하기를 원하지만, 세상은 내가 원하는 대로 그렇게 돌아가지 않고 늘 불안하기만 하다.

한 2년여 동안 느닷없는 팬데믹으로 지구촌이 초토화되었고, 우리는 누리던 자유와 권리를 어이없이 제한당하고 해외여행도 못 한 채 우울한 날들을 보내야 했다. 정말 한 번도 상상해 본 적 없는 전대미문의 상황이 온 세상을 뒤덮은 것이다. 그리고 이 팬데믹은 여전히 완전히 종결되지 않았고 또 언제든지 다른 종류의 비슷한 팬데믹이 올지도 모른다는 잠재적 불안감을 안고 살게 되었다.

먼 나라 일이라 치부하고 싶어도 지구촌 한쪽에서는 전쟁의 포화 속에 수많은 이들이 죽어나간다. 어느 국민이 전쟁하는 나라에 살고 싶을까? 그들이 원하든 원치 않든 전쟁은 일어나고 그 피해는 오롯이 힘없는 사람들의 몫이다.

오징어 게임처럼 다수의 선택이라는 미명 하에 원치 않아도 어쩔 수 없이 휩쓸려 살아가야 하기에 내가 살아가는 사회와 시대를 늘 생각하게 된다. 우리나라도 그 어느 때보다 국민들이 좌와 우로, 세대 간으로 나뉘어 서로 반목하고 싸우고 있으니 걱정이다. 이념에 따라 오랜 친구가 적이 되어 버리기도 하고, 우리 다음 세대들은 희망이 사라진 나라에서 결혼도 출산도 포기한 채 암울한 날들을 보내고 있으니 말이다. 부조리와 불평등, 가난, 재해…… 눈 감고 귀 막고 싶어도 늘 존재하는 어둠 앞에서 나는 너무나 무력할 뿐이다.

나와 내 가족과 친구를 넘어, 아프고 고통받는 사람들과 더불어 사는 우리 사회에서 그들을 향한 내 시선이 내 시의 한 날개를 돌리는 힘이어야 한다. 따뜻한 시선은 더 많이 어두운 곳으로 향해야 할 것이고, 내 시는 언제나 미미하지만 그들에게 공감과 위로의 목소리를 보낼 수 있어야 하리라.

> 가파르게 올라온 강북04 마을버스에서
> 노인이 내린다
> 배낭은 축 처지고 등은 그만큼 앞으로 굽어 있다
> 달팽이처럼 돌지는 않고
> 직선으로 뻗은 계단으로
> 네 발 지팡이 절뚝이며 발걸음을 옮긴다

꿈을 품은 이들은

재개발 꿈의 숲 단지에서 다 내리고

노인은 더 높고 더 싼 집으로

숨 가쁜 등정을 시작한다

발아래 세상이 파노라마 뷰로 펼쳐지는

오래된 성채를 향해

천국의 계단 오르듯 한 계단씩 올라간다

―「달팽이 계단 정류소」 부분

*

시를 왜 쓰는가, 어떻게 쓰는가에 대해서는 너무나도 다양한 이유와 방법들이 있겠지만, 나는 불행히도 재주가 없어서 그런 시론들을 쫓아가지는 못했다. 다만, 나 자신의 일상과 나를 돌려주는 이 날개들의 모습과 이야기들, 거기서 스미어 나오는 느낌과 생각들 그리고 울음들을 그저 담담히 받아 적을 뿐이다. 그리고 어느 한 사람, 나의 어눌한 이야기를 읽고 고개 주억거려 준다면 내 시는 외롭지도 헛되지도 않을 것이다.

시인수첩 시인선 101
링거나무 아래서
ⓒ 이영혜, 2025

초판 1쇄 인쇄 2025년 10월 13일
초판 1쇄 발행 2025년 10월 22일

지은이 | 이영혜
발행인 | 이인철

펴낸곳 | (주)여우난골
주　소 | 서울특별시 강남구 언주로30길 27. 606호 (도곡동 우성리빙텔)
전　화 | 02-572-9898
팩　스 | 0504-981-9898
등　록 | 2020년 11월 19일 제2020-000328호

블로그 | blog.naver.com/seenote
이메일 | poetmemo@naver.com
홈페이지 | www.nobelk.com

ISBN 979-11-92651-41-5 03810

* 파본은 구매처에서 바꾸어 드립니다.